SALOMON REINACH

MEMBRE DE L'INSTITUT

GLOZEL

LA DÉCOUVERTE
LA CONTROVERSE, LES ENSEIGNEMENTS

Avec vingt-trois modèles d'alphabets

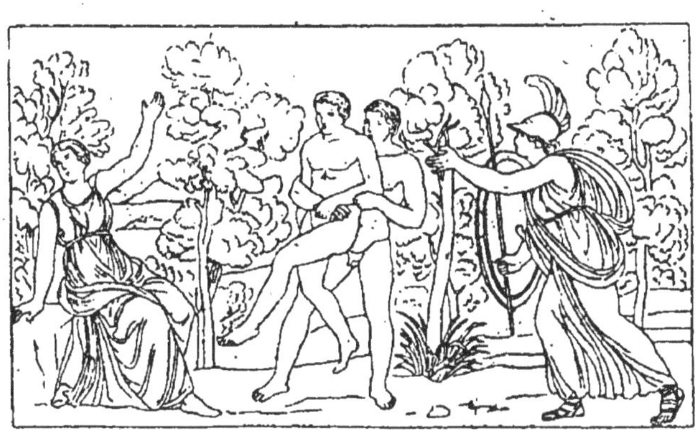

Athéna venant au secours de la bonne cause
(Hercule et Antée)
Peinture de Pompéi

KRA - ÉDITEUR - PARIS

7e édition

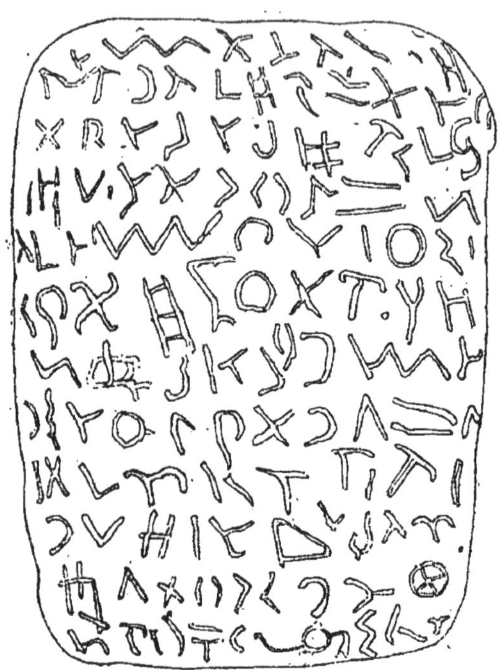

Une tablette inscrite de Glozel

GLOZEL

GLOZEL

Un humoriste, en 1927, eut l'idée amusante de figurer deux chemineaux, chassés par une averse sous l'arche d'un pont. L'un d'eux s'assied sur un banc de pierre et se prend la tête dans les mains. — « Qu'as-tu donc, mon vieux ? Tu as l'air bien tourmenté ? » — « Oh ! oui, c'est ce problème de Glozel ! »

Sous les ponts, dans les Académies, dans les salons, les thés, les collèges, à la Bourse, au Palais, au Parlement, il y eut, pendant cette année, deux partis que l'on appela les *glozéliens* et les *anti-glozéliens*. On échangeait des arguments, parfois aussi des injures. Quand la conversation languissait quelque part, il suffisait du nom de Glozel pour la ranimer.

C'est la première fois, dans l'histoire de la science du passé, qu'une controverse où n'étaient intéressées ni la religion, ni la politique, ni la passion du jeu ou des femmes, a soulevé non seulement en France, mais dans toute l'Europe et même dans le Nouveau-Monde, une pareille tempête de discussions. « C'est l'affaire de Sarajevo, écrivit un journaliste américain ; elle met le feu partout. » Heureusement, il n'y eut d'autre victime que le papier, dont des tonnes furent inutilement noircies, et je ne sache pas que l'affaire de Glozel, que l'on comparait à l'autre *Affaire* d'il y a trente ans, ait donné lieu à un seul duel. Les adversaires se sont apostrophés comme des héros d'Homère, mais, plus sages qu'eux, n'en sont pas venus aux mains.

Dans l'un et l'autre cas, si certains hommes étaient au premier plan, le fort de la controverse se poursuivait autour d'idées, seuls enjeux dignes d'un tel déchaînement de polémiques.

Il s'agissait de savoir, en 1926-27, si ce que nous avons appris à l'école touchant l'histoire primitive était, ou non, à retenir ; si la civilisation qui nous est commune avait suivi, à ses débuts, la marche du soleil ou la marche inverse. Questions passionnantes pour tout homme qui pense, et pas seulement pour les savants de profession.

Une question accessoire, clef de bien des résistances obstinées, était impliquée dans le débat : les docteurs à bonnet, pourvus de grades, d'emplois ou de chaires, doivent-ils être les maîtres de proclamer ou d'étouffer des vérités que des chercheurs sans bonnet ont mises au jour ? Qui n'a pas un peu souffert de la tyrannie des spécialistes, fussent-ils simplement notaires ou chefs de bureau ? Voilà encore qui intéresse un chacun.

D'une part, donc, comme à l'époque des Guerres médiques et des Croisades, la vieille querelle de l'Occident et de l'Orient ; de l'autre, comme bien souvent déjà, mais jamais avec des couleurs aussi crues, la lutte du professionnel, ennemi ou accapareur de nouveautés, contre l'amateur qui trouve du nouveau et ne veut pas sacrifier ses droits d'inventeur.

* * *

Vers le début de l'ère chrétienne, on savait à
Athènes et à Rome que les Gaulois et les Turdé-
tans d'Andalousie possédaient de vieux poèmes
très anciens ; mais il ne s'en est pas conservé une
ligne. En revanche, que de livres nous a rendus
l'Orient asiatique, depuis la Chine et l'Inde jusqu'à la Babylonie et la Syrie ! Le plus populaire,
écrit à Jérusalem, fondement de trois religions,
est l'Ancien Testament. On ne le lit guère en France,
mais on sait en gros ce qu'il raconte sur les ori-
gines — comme quoi l'humanité, créée quelque
part en Orient, dans le mystérieux jardin d'Éden,
s'est développée d'abord en Asie, pour se disper-
ser, après la multiplication des langues, vers tous
les points de l'horizon. Cette ethnographie naïve
n'a pas cessé d'être enseignée et crue, même après
que l'on eût trouvé, dans l'Occident de l'Europe,
les traces d'une civilisation infiniment plus ancienne
que celle dont parle la Bible, pour qui la culture de

la terre et le jardinage sont choses si naturelles qu'elle ne conçoit pas des dizaines, peut-être des centaines de siècles d'humanité, ayant ignoré ces moyens de se nourrir, n'ayant subsisté que de cueillettes, de chasse et de pêche. Mais le livre sacré garde son prestige — justifié à bien d'autres titres — surtout en pays anglo-saxons. N'avons-nous pas vu récemment, dans un État de l'Amérique du Nord, destituer un instituteur qui, enseignant l'évolution à ses élèves, minait ainsi l'autorité du récit biblique de la Création ?

Un autre événement scientifique, la découverte des livres sacrés de l'Inde et de la parenté de la langue de ces livres avec celles de l'Europe, donna naissance au XIXe siècle à un préjugé dont l'opinion est encore imbue, celui de la haute antiquité de la civilisation de l'Inde, source présumée de celle de l'Europe. Le Paradis terrestre recula vers l'Est, quelque part entre le Gange et l'Indus, ou, plus au Nord, vers le plateau inhabitable de Pamir, qui n'est certes pas un Paradis et que les hommes eurent bien raison de quitter s'ils l'habitaient.

II

***

Comment concilier cet ensemble de préjugés, que j'ai appelé, en 1893, le *Mirage oriental*, avec les résultats certains des longues recherches de Boucher de Perthes ? Cet employé des douanes, médiocrement lettré, prouva, de 1836 à 1859, que les sables anciens de la Somme, autrefois dix fois plus large qu'aujourd'hui, recélaient dans leurs profondeurs des armes et des outils de silex, contemporains d'animaux disparus de l'Europe comme l'hippopotame, l'éléphant, le rhinocéros, le lion. Ce fut là une découverte de premier ordre, un trait de génie.

On chercha pourtant à sauvegarder les droits de l'Orient, et cela par trois moyens.

D'abord, on dit à Boucher de Perthes que ses silex n'étaient pas taillés de main d'homme, à quoi un savant anglais répondit qu'ils l'étaient aussi sûrement que son canif. On s'inclina, mais en 1863 encore il se trouva un Allemand pour prétendre que les rognons de silex, exposés au courant rapide d'un fleuve, pouvaient être régulièrement taillés... par le fil de l'eau.

Puis un géologue célèbre, Élie de Beaumont, opina que les silex taillés de Boucher de Perthes étaient romains.

Enfin, la science s'arrêta à la solution suivante, encore enseignée hier et aujourd'hui. Pour la rendre bien intelligible, il faut reprendre les choses de plus haut.

Vers 1860, alors que Boucher de Perthes avait confondu les sceptiques, un géologue anglais divisa en deux grandes périodes l'âge de la pierre, où l'homme ignorait encore l'usage des métaux, cuivre, bronze, fer. La première fut dite « paléolithique » *(de la pierre ancienne)*, la seconde « néolithique » *(de la pierre récente)*. On tend à dire aujourd'hui, pour être bref, *paléo* et *néo*, comme on dit *photo*, *cinéma*, et *taxi*.

L'homme paléolithique, contemporain d'animaux disparus, était chasseur ou pêcheur et se nourrissait de fruits ; l'homme néolithique ne connaissait que les animaux actuels ; il était pasteur ou agriculteur. Le premier taillait toujours ses outils de pierre par petits éclats ; le second, après les avoir taillés, s'essayait à les polir.

L'époque paléolithique, qui remplit de longs millénaires, se divise à son tour en deux périodes. Pendant la première, le climat est chaud et très humide ; la Seine, à Paris, à six kilomètres de large ; l'homme vit en plein air. Pendant la seconde, qui débute par une grande recrudescence de froid, due à l'avance des glaciers — celui du Rhône descend alors jusqu'à Lyon — l'homme cherche refuge dans des cavernes quand il n'est pas à la chasse ou à la pêche ; il devient artiste ; il sculpte la pierre et l'os ; il décore les parois de ses demeures obscures de figures d'animaux ; celui qui joue le plus grand rôle dans son existence est le renne, gibier favori et pourvoyeur de l'industrie naissante. Il chasse et utilise une espèce d'éléphant à longs poils roux aujourd'hui disparue, le mammouth, et en trace des images que le XIXe siècle a retrouvées.

Vers la fin de cette seconde période, les glaciers reculent, le climat s'adoucit ; le renne, qui craint la chaleur, est remplacé par le cerf, errant dans de vastes forêts ; le mammouth a disparu.

Que deviennent alors les hommes ?

Avec plus ou moins de réserves — car des savants comme Broca pensèrent toujours autrement — on enseigna que l'homme, comme le mammouth et le renne, n'avait pu s'accommoder du climat doux, qu'il s'était éteint ou avait émigré vers le nord-est (Russie et Sibérie). Dans cette France presque dépeuplée étaient arrivés, après une période de transition misérable, des tribus orientales, asiatiques, amenant avec elles les animaux domestiques, les céréales, la pierre polie, la poterie — d'autres ajoutaient : les idées religieuses et le culte des morts. Mais ces *néolithiques* ne connaissaient pas les arts plastiques qu'avaient pratiqués avec succès leurs prédécesseurs, et ils ignoraient l'écriture que les Phéniciens et les Grecs, hardis navigateurs, n'introduisirent dans l'ouest de l'Europe que vers l'an 600 avant notre ère.

Voilà donc le troisième moyen et le plus scientifique par lequel les « orientalistes » crurent annuler, au profit de leur thèse, les résultats des découvertes de Boucher de Perthes dans les sables de la Somme, suivies de celles de Lartet et Christy (1864) dans les vieilles cavernes habitées du Périgord. Il y avait bien eu, en Occident, une humanité très ancienne, créatrice d'une civilisation originale, mais elle avait disparu avec le mammouth et le renne ; la vraie civilisation, la nôtre, celle qui est fondée sur l'agriculture et l'élevage, était tout de même venue d'Orient pour remplacer celle qu'un changement de climat avait abolie.

On remarquera que cette conception rappelle celle de l'Ancien Testament : d'abord, les Adamites, qui inventent bien des choses et construisent même des villes, mais sont victimes du Déluge ; puis une humanité nouvelle, issue dans l'ouest de l'Asie de la famille de Noé.

*
* *

Du système qui prévalut découlent, en particulier, deux conséquences :

16 ·

1º Il est inadmissible que le renne se trouve avec des poteries et des pierres polies ;

2º Il est inadmissible qu'une écriture quelconque, distincte de marques de propriété ou de chasse, se rencontre avec la poterie, la pierre polie et le renne.

A quoi les découvertes de Glozel sont venues dire : CE N'EST PAS VRAI !

Grand émoi des savants officiels, qui se tirent alors d'affaire comme lors des révélations de Boucher de Perthes et soutiennent l'une des thèses suivantes :

1º Les « découvertes » de Glozel sont frauduleuses ; ce sont des objets fabriqués de toutes pièces et enterrés avant-hier pour être déterrés demain (Dussaud, Breuil *deuxième manière*, Boule, A. de Mortillet, Bosch y Gimpera, Sir Arthur Evans) ;

2º Les objets de Glozel sont, en majorité, l'apport de tribus orientales, arrivées avec leurs animaux tels que le buffle (Breuil *première manière*) ;

3º Les objets de Glozel sont le bric à brac d'une sorcière gallo-romaine des environs de l'an 400 après notre ère ; les inscriptions sont du latin de la décadence, en mauvais caractères cursifs ; du reste, il y a beaucoup de faux (Camille Jullian).

Ces trois opinions sont également et même effroyablement erronées ; mais la première a été adoptée (décembre 1927) par un comité international de sept membres et, un peu plus tard (janvier 1928), par onze archéologues préhistoriens réunis, en séance solennelle, au Ministère des Beaux-Arts — moi seul résistant et riant sous cape, sans me croire, pour cela, plus malin qu'eux.

***

Que répondent les glozéliens (1) ? Ceci. La grande majorité des savants se sont trompés. Il n'y a pas eu de crise catastrophique à la fin de l'âge de la pierre taillée. Le renne n'a pas disparu d'un coup ; il a subsisté quelque temps dans les montagnes.

(1) Morlet, Espérandieu, Loth, Depéret, S. Reinach, Viennot, Butavand, Van Gennep, Mayet, Audollent, Bayet, Leite de Vasconcellos, Tricot-Royer, Correa, Björn, Nerman, etc.

Certaines tribus, qui chassaient encore le renne,
ont commencé à polir des outils de pierre, à fabri-
quer des pots ; leur art a continué, médiocrement,
mais avec bonne volonté, celui des tribus paléo-
lithiques ; en outre, elles ont modelé des figurines
grossières en argile, ce que leurs prédécesseurs
n'avaient pas fait, et *surtout*, développant une
grande invention qui est en germe sur certains os
travaillés de l'époque précédente, elles ont gravé
leurs pensées sur l'os, la pierre et l'argile, à l'aide
d'un système compliqué de signes linéaires. Ces
signes ne sont ni les hiéroglyphes de l'Égypte, ni les
cunéiformes de la Babylonie, mais ils ressemblent
tellement, pour une moitié à peu près, à ceux de
la Grèce et de la Phénicie, tout en étant de plusieurs
milliers d'années plus anciens, qu'à moins de
souffleter l'évidence il faut admettre que ces hommes, par suite de migrations ou de relations complétement ignorées, ont introduit l'écriture linéaire
parmi les peuples de la Méditerranée orientale.
A la fin de l'époque néolithique, quand la France
et l'Espagne voient s'élever les dolmens, les menhirs, les cromlechs, l'art et l'écriture ont complé-

tement disparu de ces pays, alors qu'ils paraissent timidement dans les îles et sur les rives de la mer Égée. Que s'est-il donc passé ? On ne peut émettre que des hypothèses. Voici la mienne.

L'histoire nous apprend que la France a été peuplée par des tribus dites ibériques, ligures, celtiques, gauloises. Ces Ibères, Ligures, Celtes, etc., comme tous les peuples qui ont laissé un nom, même les Hellènes, étaient des guerriers, des destructeurs ; la civilisation était le patrimoine, lenment amassé, des peuples sans nom qui ont été subjugués. Parfois les conquérants, comme les Hébreux, les Grecs, les Celtes, ont profité de la civilisation des vaincus et l'ont même développée ; parfois, comme les Turcs, ils l'ont étouffée, et il a fallu que des peuples étrangers fissent leur éducation. Il est donc bien possible qu'Ibères, Ligures et Celtes aient mis fin à ce qui continuait la civilisation paléolithique en Gaule, alors que ses débris, chassés vers l'Est, y fécondaient des civilisations nouvelles. En tous les cas, il est sûr que lorsqu'on élevait des dolmens en Occident, les populations indigènes étaient contraintes à des travaux énormes par une aristocratie militaire ou religieuse de conquérants — Celtes ou autres, nous n'en savons rien. Le jour vint où les pays ainsi soumis à la massue et à la crosse entrèrent en relations d'échanges avec les pays d'Orient, et alors revinrent en Occident, portées par des marchands, les écritures linéaires, codifiées et simplifiées par l'usage, que les lointains ancêtres des vaincus avaient inventées. Depuis l'an 1500 à peu près avant notre ère, il n'est plus permis de dénoncer le *Mirage oriental* ; c'est bien l'Orient grec qui civilise peu à peu l'Europe, et quand les Romains en conquièrent une partie, c'est bien encore la civilisation grecque qu'ils y répandent, aux dépens de tout ce qui est indigène. Même après la chute de l'Empire romain d'Occident, le rayonnement de la civilisation orientale, dont le christianisme est un véhicule essentiel, ne cesse pas. Puis viennent les conquêtes des musulmans, Arabes et Turcs ; alors les pays d'Orient sont de nouveau à moitié barbares et c'est l'Occident, civilisé par eux, qui leur rend ce bienfait, témoins la Turquie, la Syrie et la Perse actuelles, sans parler de l'Inde et de la Chine.

Hypothèses que tout cela ! Sans doute. Tout système, toute généralisation de données imparfaites n'est qu'une synthèse provisoire où entre une forte part d'ignorance. Le tort de certains savants est de tenir si fort à leurs hypothèses qu'ils les qualifient de science tout court, qu'ils veulent y plier les faits nouveaux ou les nient. Cela dit, je vais raconter brièvement l'histoire des fouilles de Glozel, l'événement le plus important qui se soit produit dans la science historique au XXᵉ siècle et dont le témoignage ne peut plus être récusé que par l'aveuglement.

*
* *

Un jeune paysan de 18 ans, Émile Fradin, est chargé de labourer, à la fin de février 1924, un petit plateau, défriché en partie vers 1892, qui domine le cours du ruisseau le Vareille, affluent du Sichon, lequel se jette à son tour dans l'Allier. Vichy est à une vingtaine de kilomètres de Glozel, le hameau qu'habite la famille Fradin, d'où l'on descend par une pente très rapide dans le vallon abrité où se trouve le plateau, appelé *les Durantons*. Une partie en est encore boisée.

Donc, le 1ᵉʳ mars 1924, Émile laboure et un obstacle arrête la charrue. C'est une construction de forme ovale. Il ramasse au fond des briques qui s'emboitent, avec cupules et saillies. Qu'est-ce que cela ? Passe la jeune institutrice de Ferrières-sur-Sichon, Mˡˡᵉ Picandet. Émile lui montre les briques. « C'est romain », pense-t-elle. Et elle en parle à l'Inspecteur primaire, qui en parle à d'autres. Bref, il vient beaucoup de gens qui détruisent, pour en emporter des fragments, la construction ovale. Entre temps, Émile fouille un peu autour ; dès le 2 mars, il découvre une brique qu'il met à sécher chez lui, sans savoir qu'elle porte des signes gravés. La Société d'Émulation de Moulins a été alertée par l'Inspecteur ; elle envoie un délégué à Glozel ; mais, mal inspirée ou trop pauvre, elle refusa un crédit de 50 francs pour une fouille régulière. La famille Fradin allait tout remblayer et reprendre le labour, lorsqu'un médecin de Vichy, le Dr Morlet, intervint (avril 1925). Pas archéologue de profession, mais très intelligent, il devina tout de suite qu'il ne s'agissait pas de *romain*, mais de quelque chose de beaucoup plus ancien ; il loua le terrain pour neuf ans et commença à le fouiller prudemment avec Émile Fradin, sans autre ouvrier.

Le terrain est aisé à décrire. De haut en bas, il y a d'abord une couche de terre meuble, végétale, de o^m 30 environ d'épaisseur ; puis plusieurs couches d'argile qui descendent à une grande profondeur. La couche meuble ne contient que de nombreux fragments d'une poterie en grès lustré dont la date et la provenance sont encore incertaines. A o^m 60 ou o^m 70 au-dessous du sol, on trouve des objets ouvrés, non point cassés et jetés au hasard, comme à la suite d'une destruction violente, mais posés dans l'argile, tantôt horizontalement, tantôt verticalement, généralement intacts. L'aspect est celui d'un dépôt, de nature votive ou religieuse, que l'argile ruisselant de la colline aurait peu à peu recouvert sans l'endommager.

Heureusement pour la science, Morlet reconnut

sans retard que des objets très anciens, enveloppés
de radicelles et d'argile, ne devaient pas être déterrés brutalement à coups de pioche ou de bêche. Il
a toujours fouillé à la pointe du couteau ; quand il
trouve un objet qui n'est pas une pierre, il creuse
à l'entour, l'enlève avec son lit d'argile et le laisse
longtemps sécher à l'ombre avant de le net-
toyer.

Jusqu'à la fin de 1927, les fouilles, qui ne sont
vraiment praticables que par beau temps et dans
la belle saison, avaient donné environ 1500 objets,
répartis entre le Musée de la ferme, qu'on visite
pour 4 francs, et le Musée de la maison Morlet à
Vichy, que les gens polis visitent pour rien.

Parmi ces 1500 objets, il n'y a ni un fragment
de métal, ni une monnaie, ni un tesson de poterie
celtique ou romaine ; ce fait négatif suffit à réfuter
la théorie de M. Camille Jullian, car si des objets
préhistoriques peuvent s'introduire dans un site
romain, ce ne peut être et ne l'est jamais à titre
exclusif. Du reste, les transcriptions latines et les
traductions françaises qu'il a proposées des inscriptions sur briques n'ont été admises par personne ;

ce sont des illusions mémorables d'un savant dont la juste renommée n'en souffrira point.

En revanche, que penser de ceux qui ont affirmé tour à tour et en grand nombre que les 1500 objets étaient des faux, de fabrication récente, bien plus, qu'ils étaient l'œuvre d'Émile Fradin, au cours de longues soirées d'hiver, et cela alors qu'il ne possède ni livres d'archéologie illustrés, ni instruments pour modeler et graver, qu'aucun voisin n'a jamais observé qu'on fabriquât des antiquités à Glozel ou qu'on en apportât du dehors, que vingt savants, dont plusieurs géblogues, ont vu les objets en terre et les en ont vus sortir, dans un état tel de fragilité et si enveloppés de réseaux de radicelles que l'hypothèse d'un ensevelissement récent est un défi au sens commun ? Oui, que penser de ces gens, j'allais écrire de ces enragés, parmi lesquels un archéologue anglais, célèbre dans le monde entier pour ses découvertes en Crète ? Ceux qui (en majorité, espérons-le) n'ont pas obéi à des sentiments de jalousie haineuse à l'égard d'un chercheur trop heureux, ont été victimes soit de mauvais propos colportés à la légère (c'est le cas de l'archéologue anglais), soit d'un préjugé, qui, après tout, s'explique et peut se formuler brièvement ainsi : « Ce qui est nouveau ne peut être vrai. »

Je résume la controverse, mais sans écrire de noms propres. D'abord, un savant considérable, venu à Glozel avec une idée préconçue, avait traité Émile de prestidigitateur ; ses propos se répandirent, firent boule de neige, s'aggravèrent d'inventions. Puis un homme beaucoup moins savant, mais fort désireux de faire parler de lui, publia brochures et articles pour faire croire que chaque objet, fabriqué à la ferme, avait été introduit latéralement dans l'argile pendant la nuit. Quel aspect d'écumoire aurait présenté le terrain s'il avait été *salé* ainsi ! Vint ensuite un orientaliste, celui-là bon explorateur et spécialiste des écritures sémitiques, qui, sans avoir même vu *les Durantons*, déclara, en pleine Académie, que les inscriptions sur briques étaient *impossibles*, donc fabriquées, ce qui équivalait à la condamnation de tout le reste, les mêmes caractères d'écriture que ceux des tablettes paraissant sur des pierres, des vases et des os. Lui aussi écrivit une brochure qui, bien que pleine d'erreurs de fait empruntées aux précédentes, fut très lue ; on en vendit tout de suite 500 exemplaires ! Là-dessus intervint une Commission, nommée à un Congrès préhistorique, mais non par les membres de ce Congrès ; elle avait été désignée par le secrétaire, adversaire acharné de Glozel, qui avait été écarté dès l'abord du champ de fouilles parce qu'il était suspect, à tort ou à juste titre, d'indiscrétion. Cette commission travailla mal, mais on la travailla bien ; réunie à Paris un mois après avoir pratiqué des fouilles rapides, elle déclara à l'unanimité, dans un rapport superficiel, que tout était *moderne*. Enfin, un vieux savant anglais vint en avion au Bourget et, de là, gagna à Vichy ; en chemin, il lut les brochures visées ci-dessus et apprit des bourdes. Lui aussi crut que la science du jour est la science de toujours et déclara dans le *Times* : « Glozel est impossible, tend à détruire un édifice solidement bâti ; donc tout est faux. »

Quelle leçon pour l'avenir ! Un bon orientaliste, auteur d'explorations fécondes en Syrie, un archéo-

logue sans égal en Europe, à la fois archéologue
et philologue, d'accord pour se tromper aussi
lourdement, pour nier l'évidence ! Heureusement
le Dr Morlet ne se découragea pas. Peu lui impor-
taient les *naufrageurs*, les calomniateurs, les éga-
rés ; soutenu par sa conviction, par une revue
influente (le *Mercure*), il l'était aussi par quelques
bons témoins, par quelques chiens de garde fidè-
les, dont je fus.

*   *
*

Voyons maintenant, en gros, ce qu'on a trouvé
à Glozel : pierres ouvrées ou gravées ; objets divers
en os ou en corne ; vases, figurines et briques inscrites en argile. Le tour des deux Musées est bien-
tôt fait, car il y a de nombreux exemplaires des
différents types, sans pourtant qu'il y en ait deux
d'identiques, comme ce serait le cas si on les avait
« fabriqués » en série de nos jours. Aucun d'ailleurs n'est une copie ni même une imitation d'un

objet quelconque, gravé dans un ouvrage d'archéologie ; ceux qui ont prétendu le contraire n'ont jamais rien spécifié et se sont contentés d'assertions calomnieuses, dans l'espoir, d'ailleurs fondé, qu'il en resterait toujours quelque chose.

Pierres. — Une remarque préliminaire : il n'y a pas de haches éclatées, mais non plus de haches entièrement polies en silex. La moitié de hache polie qui figure dans une des vitrines ne provient pas de la couche archéologique ; elle est plus récente. Le silex ne se trouve ni à Glozel ni aux environs. Les pierres travaillées sont ou des galets, ou des roches volcaniques très dures ; on en a tiré des pointes pour graver. Les quelques haches n'ont de poli que le tranchant ; ce sont les débuts obscurs de l'industrie qui produira des chefs-d'œuvre, peut-être à l'imitation des premières haches en cuivre, à la belle époque néolithique dont le gisement de Glozel est encore loin.

Les gravures sur pierre représentent toujours des animaux, parfois groupés, *jamais* des hommes. Deux surtout sont remarquables : un renne mar-

chant et un renne couché ou mort. Elles prouvent
que les gens de Glozel voyaient encore des rennes,
car elles sont d'un naturalisme frappant. Un cer-
tain nombre de galets avec gravures portent aussi
des caractères, par exemple au-dessus d'une figure
d'ours. En général, ces gravures sont fort inférieures à celles des cavernes plus anciennes du Périgord et des Pyrénées ; elles témoignent d'un art
en décadence, qui se survit. L'objet des artistes
était probablement magique, comme à l'époque
antérieure ; il s'agissait d'attirer des animaux,
surtout comestibles, en les figurant. Cette opinion,
que j'ai énoncée le premier en 1903, a été plusieurs
fois combattue, mais bien plus souvent développée et confirmée ; elle a même passé dans l'ensei-
gnement.

Des anneaux en schiste poli et plat, parfois
pourvus d'inscriptions sur le rebord, sont parmi
les curiosités de Glozel. On en connaissait déjà
beaucoup du département de l'Allier, dont un avec
quatre lettres gravées, et aussi d'autres pays. Ils
sont trop grands pour les doigts, trop petits pour
les poignets ; aussi a-t-on supposé que c'étaient

des armes de jet. Mais cette hypothèse ne vaut rien : ce sont des objets religieux. Peut-être les passait-on autour des bras des cadavres décharnés. On n'a pas trouvé un seul squelette à Glozel, bien qu'il y ait eu là au moins deux tombes, mais seulement des os humains isolés, à côté d'os d'animaux. C'est que le terrain argileux et humide se prête mal à la conservation des os, à moins que leur surface n'ait été raffermie et protégée par le polissage, comme c'est le cas des petits objets en os bien conservés ; c'est aussi sans doute qu'au cours d'enterrements secondaires, après décharnement des corps à l'air libre, on n'ensevelissait à titre définitif que des parties de squelettes. Des faits analogues ont déjà été constatés aux temps néolithiques.

Un objet remarquable est une grosse pointe de flèche polie en schiste ; on n'en connaît guère de similaires qu'en Norvège, preuve que la civilisation de Glozel, qui devait couvrir un terrain considérable, a rayonné aussi vers le nord.

Os. — Les objets en os les plus importants,

parfois pourvus d'inscriptions, sont les harpons. Quelques-uns ont pu servir à la pêche (le Vareille est encore très poissonneux) ; d'autres, qui répètent maladroitement des types plus anciens, ne peuvent être que votifs ou funéraires, ce qui revient au même. Il y a des aiguilles à chas et des pointes en os qui témoignent d'une réelle habileté de mains

Argile. — Les vases sont une des grandes surprises de Glozel. Ils sont faits à la main, d'une terre très peu cuite et impure ; aucun d'eux n'a d'anse ni même de mamelons perforés pour suspension. Dans tous l'ouverture est en haut, assez petite. Une forme fréquente et toute nouvelle est celle d'un crâne humain, avec des yeux grands ouverts et un nez, mais pas de bouche ; même à l'époque historique, il est encore question de gens buvant dans des crânes et il semble que ceux-ci aient été les premiers modèles de récipients. Un autre type se rapproche beaucoup, par l'indication des sourcils, des yeux et du nez, de vases trouvés dans les ruines de Troie et bien plus anciens que la Troie d'Homère. Schliemann, qui les a découverts, s'était imaginé qu'ils étaient ornés d'une tête de chouette, oiseau sacré d'Athéna, hypothèse que la chronologie suffit à condamner. Ce type singulier, dit de l'*idole néolithique*, se rencontre ailleurs, sculpté sur les parois des grottes funéraires de la Marne, sur des espèces de menhirs dans l'Aveyron, le Tarn et l'Hérault, parfois même en Angleterre et en Espagne. L'*idole néolithique* eut la vie dure en Europe ; elle reparaît dans la vallée du Rhin et dans la Prusse orientale, où elle décore des vases à l'époque romaine. Par sa persistance, due sans doute à sa signification religieuse, elle s'apparente à deux autres motifs, celui de la femme nue debout et de la figure tenant une corne à boire, qui, depuis l'époque du renne jusqu'à l'époque romaine, paraissent, dans diverses régions du monde antique, comme des survivances d'un lointain passé.

Quelques vases de Glozel sont ornés de symboles gravés, par exemple l'étoile de mer, ou de reliefs singuliers, suggérant d'énormes oreilles, qui sont peut-être l'origine des anses. Des inscriptions, parfois fort longues, se lisent sur plusieurs d'entre eux. Toute cette poterie, même décorée, est d'aspect misérable ; ce sont vraiment les *incunables* de la céramique.

Un séjour de plusieurs millénaires dans l'argile humide ayant ramolli complétement ces pots mal cuits, il arrive qu'ils ont été lentement perforés par des racines. Seule la mauvaise foi a pu prétendre qu'elles y avaient été introduites par les fouilleurs, qui n'auraient pu le faire sans tout réduire en une boue liquide. Si cette argile à moitié liquéfiée n'a pas été écrasée par le poids de la terre, c'est que les vases étaient eux-mêmes pleins d'argile qui en épousait les formes ; comme les poissons qui vivent dans l'eau à une grande profondeur, ils ont échappé à la compression et à la déformation par la résistance de leur contenu.

Les figurines en terre cuite, dont le type est absolument nouveau, ont été aussi une surprise. Le motif principal est une tête, sans indication de bouche, au-dessus de laquelle s'élève l'emblème du sexe fort ; quelquefois celui du sexe faible figure plus bas, et alors les idoles sont dites *bis-*

sexuées. Les deux moignons qui prolongent la figurine ne sont pas des jambes atrophiées ou brisées, mais des *témoins* à l'appui du premier emblème. On a trouvé isolément, dans des cavernes de l'âge du renne, l'un et l'autre de ces signes ; ici, pour la première fois, ils sont réunis. Le style de l'ensemble est affreux, ou plutôt il n'y en a pas ; mais la signification purement religieuse ou magique est évidente. Comme, dans une des deux grandes tombes explorées, contenant 120 objets, il n'y avait qu'une de ces idoles, il est possible que chacune indique l'emplacement d'une sépulture en pleine terre, symbole de vie ou de renaissance. Aucune ne porte d'inscription.

*
* *

J'arrive aux tablettes inscrites, trouvailles par excellence, qui ont vraiment déchaîné la guerre de Glozel. La plus longue a plus de cent caractères ; il y en a aussi de fort courtes. Les premières qu'on ait déterrées, en particulier celle du 2 mars 1924, ont été imprudemment nettoyées avec une brosse ; la gravure est devenue fort indistincte. Plus tard, on a eu soin de les laisser d'abord sécher. Il y a plusieurs types d'écriture qui devront être classés avec soin quand tout l'ensemble aura été publié. Lorsqu'on découvre une tablette couchée à plat, la partie écrite est toujours en-dessus ; une seule porte de l'écriture des deux côtés. Quelques tablettes identiques aux précédentes ne portent pas de caractères gravés ; il est à présumer qu'elles étaient peintes à l'ocre, dont on a trouvé des morceaux et qui pouvait aussi servir à tatouer.

Connaissant seul tous les documents écrits de Glozel, dont beaucoup restent à publier, le Dr Morlet a pu dresser des tableaux des signes employés et les comparer aux autres écritures connues. Deux points importants sont d'abord à signaler : 1º Il n'y a aucun caractère sanscrit, araméen, hébreu carré ou arabe ; 2º La forme B manque complétement, comme dans les alphabets ibérique et étrusque, alors que les signes communs avec les alphabets grecs et italiotes sont en grand nombre. Ces deux observations négatives sont, en réalité, des arguments ; comment un faussaire, gravant

au petit bonheur 1500 caractères, à l'aide de quelques tableaux d'anciens alphabets, aurait-il pu,
non seulement s'abstenir de puiser aux écritures de
l'Asie, mais éviter soigneusement d'employer le
B ? Il n'y a rien à répondre à cela, à moins que le
faussaire ne soit un paysan que par la blouse, mais,
en réalité, un savant professeur d'épigraphie.

L'étude comparative des écritures, dans le des-
sein d'en établir la filiation, est chose très hasar-
deuse, car, plus encore que dans la recherche de
la parenté des mots, on peut se laisser tromper
par des ressemblances superficielles ou des identi-
tés de forme dues au hasard. Les alphabets publiés à la fin de cette brochure pourront faciliter
les recherches futures sur un sujet encore mal élu-
cidé. Je dois me contenter ici d'énoncer quelques
résultats provisoires, qui pourront aisément être
complétés ou rectifiés :

1º Le phénicien (y compris l'alphabet archaïque de 1300 avant J.-C.) a en commun avec le
glozélien 13 signes sur 22.

2º L'ibérique (nord et sud) a en commun avec
le glozélien 20 signes ; le B manque dans l'une et

l'autre écriture ; on trouve dans l'une et l'autre le X avec deux barres au-dessus et au-dessous (triangles opposés par le sommet).

3º Le libyque a en commun avec le glozélien 16 signes, en particulier = (il y a trois barres en libyque) et l'X à deux barres.

4º D'autres ressemblances se constatent avec les écritures de Chypre, de Crète, de Lycie, mais surtout avec l'écriture du nord de l'Europe dite runique, que l'on croyait hier encore assez récenté ; certains signes runiques, sans analogues en Phénicie et en Grèce, se rencontrent aussi en ibérique et à Glozel, ce qui oblige de postuler une source commune très archaïque, restant à déterminer.

5º Les analogies les plus nombreuses du glozélien sont avec les alphabets grecs, je ne dis pas l'alphabet que nous apprenons à lire au collège, mais les nombreux alphabets qu'on a tirés des inscriptions archaïques. Un travail que j'ai fait à ce sujet m'a fait reconnaître 47 signes glozéliens dans les tableaux des alphabets grecs que j'ai publiés en 1885 ; chose remarquable, la vieille lettre *sampi* et le T à branches latérales tombantes (valant *ss* ou *ts* en Asie Mineure) se retrouvent à Glozel, ce qui ne peut être l'effet du hasard. Nombre de signes bizarres, qui paraissent dans les alphabets moins usités de la Grèce et de l'Italie, sont absolument inexplicables par les signes phéniciens, mais le sont en partie par ceux de Glozel.

Le fait que l'écriture glozélienne, dans la mesure où nous la connaissons, ne représente pas, tant s'en faut, toute la paléographie néolithique, ressort des inscriptions trouvées en 1894 et en 1927 à Alvao, au N.-E. du Portugal. Ces inscriptions, longtemps qualifiées de faux, aujourd'hui remises en honneur, ont des caractères importants, en communs avec celles de Glozel, notamment un usage abondant des *points* (qui ne peuvent être des marques de ponctuation), mais offrent aussi des signes que Glozel ne connaît pas. Leurs affinités avec les inscriptions ibériques plus tardives sont évidentes, mais, là encore, il y aurait des différences à signaler. L'inscription de 4 signes gravés sur l'anneau de schiste de Montcombroux (Allier) offre un caractère en forme d'ancre qui existe en Grèce, et en Étrurie, mais non à Glozel. Un vaste champ d'études s'ouvre ainsi à la paléographie comparée.

***

La question de la date du gisement de Glozel, assez homogène pour qu'on ne lui attribue pas une longue durée, est de celles qu'on ne peut esquiver ; les conclusions qui s'imposent sont nettement contraires à celles de la plupart des préhistoriens.

Glozel se rattache au bel âge du renne — le *magdalénien* des auteurs — par la persistance et les caractères de l'art animalier. Il peut y avoir dix siècles d'intervalle entre les gravures de Glozel et celles de la Madeleine, comme entre les reliefs du Bas-Empire et ceux du siècle de Périclès, mais c'est encore assigner une durée bien longue à une décadence.

D'autre part, la présence de l'*idole néolithique* rapproche Glozel non seulement des grottes de la Marne et des statues-menhirs, qui datent des débuts de l'âge du cuivre (vers 3500), mais des couches inférieures de Troie, où l'art paraît plus évolué (vers 3000). .

Glozel appartient donc aux environs de 4000 avant notre ère. Mais alors il faut faire descendre aussi de quelques dizaines de siècles la fin du magdalénien et ne plus parler, à ce propos, de 10.000 ou même de 15.000 ans.

M. Boule écrivait en 1923 : « J'estime qu'on peut ·évaluer à 10.000 ans l'extrême fin du régime glaciaire dans notre pays, le départ du renne, le début de la formation des tourbières superficielles et les premiers apports des civilisations néolithiques. » Ce chiffre de 10.000 ans doit être fortement réduit pour tenir compte de la date probable de Glozel.

Un géologue suédois, se fondant sur des observations précises, a calculé, en 1911, que le grand glacier du nord a évacué le site de Stockholm il y a 9.000 ans. Mais qui nous dit que les glaciers de l'Europe centrale ont subi au même moment les mêmes influences climatériques ? Le recul des glaciers paraît avoir commencé avec le magdalénien ; nous avons maintenant la preuve que le renne a survécu quelque temps à la fin de ce mouvement dans la région du Plateau central ; mais la chronologie géologique de cette dernière région, ne peut s'éclairer de celle qu'on croit établir pour le Sud de la Scandinavie et les arguments archéologiques doivent prendre le pas quand il s'agit de l'ancienneté des civilisations.

Ce n'est pas ici que je puis m'étendre sur les rapports du glozélien avec d'autres divisions de la préhistoire ; mais je crois que les vingt siècles admis par moi entre le glozélien et l'apparition du bronze, comprenant le néolithique et l'âge du cuivre, qui se confondent en partie, ne constituent pas un espace de temps trop resserré. Comme le progrès humain, semblable à une pierre qui tombe, suit une marche de plus en plus rapide, chaque période industrielle que l'on distingue doit être plus courte que la précédente, ce qui est vrai aussi, semble-t-il, des grandes époques géologiques, où il n'est question que des enchaînements du monde animal avant l'homme. La durée immense que quelques savants ont attribuée au néolithique me semble une simple illusion. La chronologie babylonienne, qui nous est connue en gros par la *Genèse*, fixe le début de la civilisation sédentaire entre l'an 5000 et l'an 4000 avant notre ère ; elle n'a rien qu'on puisse trouver déraisonnable aujourd'hui.

* *
*

Les Glozéliens ne sont pas encore des agriculteurs ni des tisserands ; la molette qu'on a cru découvrir n'en est pas une, et il est invraisemblable que les prétendues « bobines » aient servi à entourer du fil. Mais, fabriquant de la poterie, les Glozéliens étaient déjà des sédentaires et on a commencé à trouver, aux environs, les restes de leurs demeures souterraines, creusées dans le roc. Un avenir prochain nous fixera à cet égard, car un des effets heureux des trouvailles de Glozel a été de stimuler le zèle des chercheurs locaux. Au début de 1928, des endroits assez éloignés de Glozel, où même la malveillance la plus obstinée ne peut faire intervenir Émile Fradin, ont révélé des galets avec lettres et gravures, une grotte artificielle et d'autres emplacements pleins de promesses. Le progrès se fera sûrement avec ou contre la préhistoire officielle. Si l'affaire de Glozel a beaucoup contribué à la discréditer, elle a, en revanche, mis les études préhistoriques à la mode et en a répandu la curiosité dans le grand public. N'est-ce pas là l'essentiel ? Les pontifes changent, mais le temple demeure et s'embellit ; même les erreurs et le mauvais vouloir de certains tourneront à son profit, en accroissant, par le bruit de la controverse, la foule studieuse des pélerins de Glozel.

FIN

CHOIX D'ÉCRITURES ANCIENNES

(N. B. — Ces tableaux n'ont pas la prétention d'être complets).

Signes sur os quaternaires (âge du renne) :

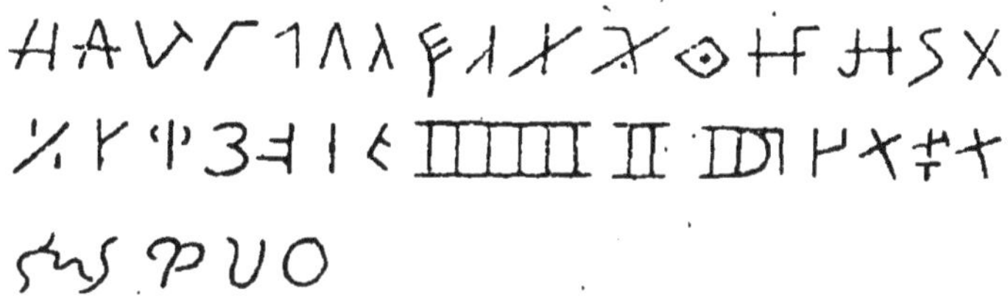

Signes peints sur galets de l'époque du Mas d'Azil, fin du quaternaire :

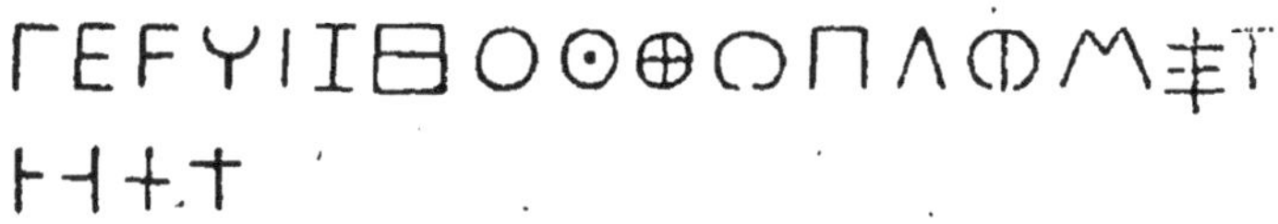

Signes d'Alvao (Portugal), d'époque néolithique :

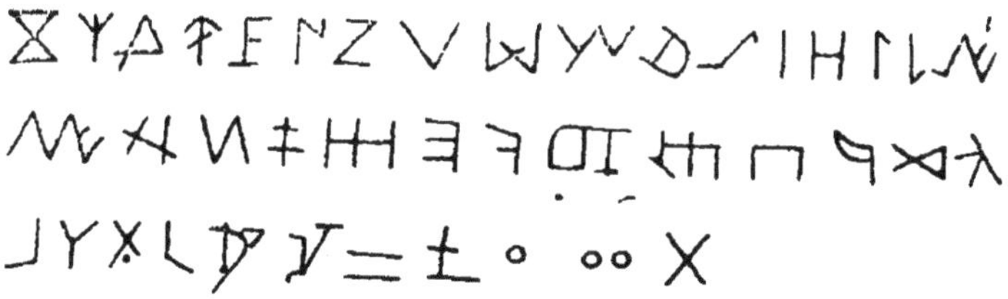

Signes glozéliens ; les deux dernières lignes donnent ceux qui
ne ressemblent à rien de connu :

Signes ibériques, du nord et du sud de l'Espagne ; époque des
métaux :

Signes libyques, du nord de l'Afrique ; époque des métaux :

Signes runiques, du nord de l'Europe ; époque des métaux :

(x)

Signes phéniciens, depuis 1300 av. J.-C. :

Signes grecs, depuis 800 av. J.-C. jusqu'en 1000 ap. J.-C. :

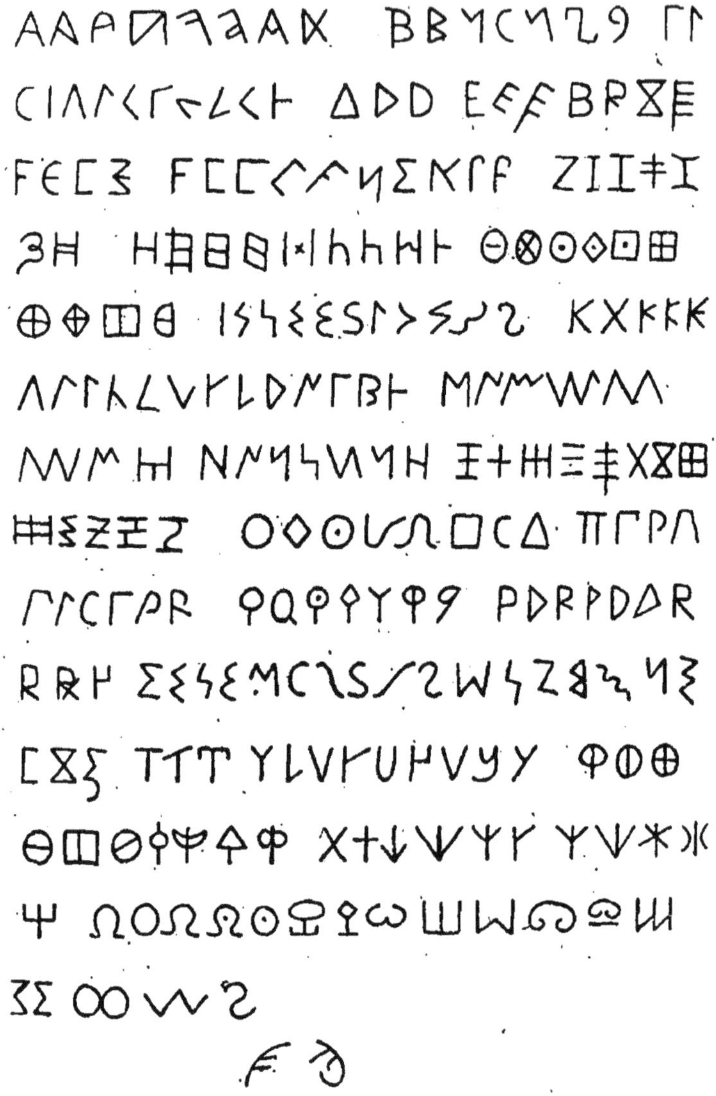

Les deux derniers signes ne sont usités que dans la numérota-
tion (le *sampi* = 900).

Signes lyciens (Asie mineure) ; époque des métaux :

Signes étrusques (Italie) ; époque des métaux :

Signes osques et ombriens (Italie) ; époque des métaux :

Signes égyptiens cursifs, dits *hiératiques* :

Signes hébraïques, depuis 800 av. J.-C. :

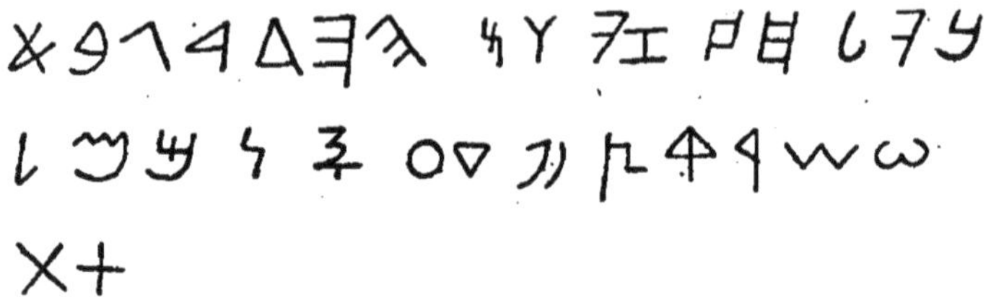

Signes hébraïques dits *carrés*, depuis 100 av. J.-C. jusqu'à nos jours :

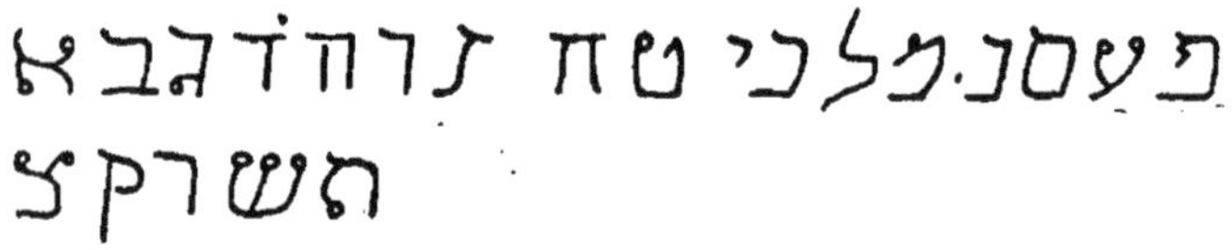

Signes palmyréniens, après J.-C. :

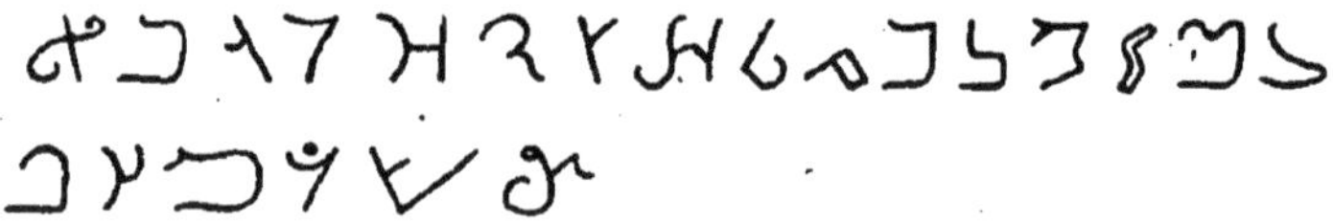

Signes samaritains, après J.-C. :

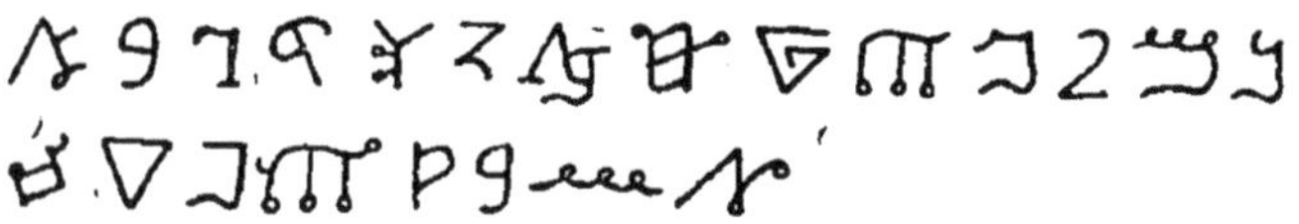

Signes chaldéens, après J.-C. :

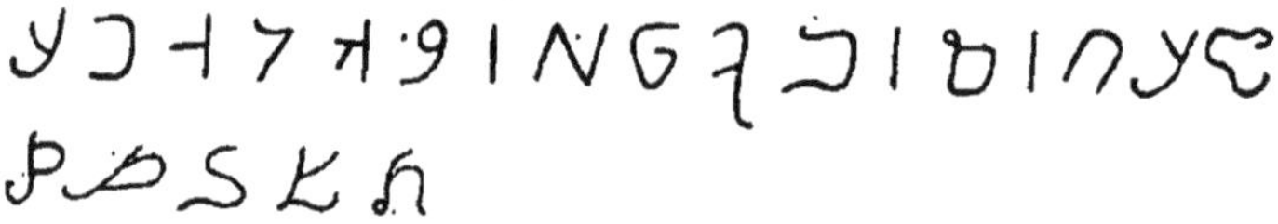

Signes syriaques, après J.-C. :

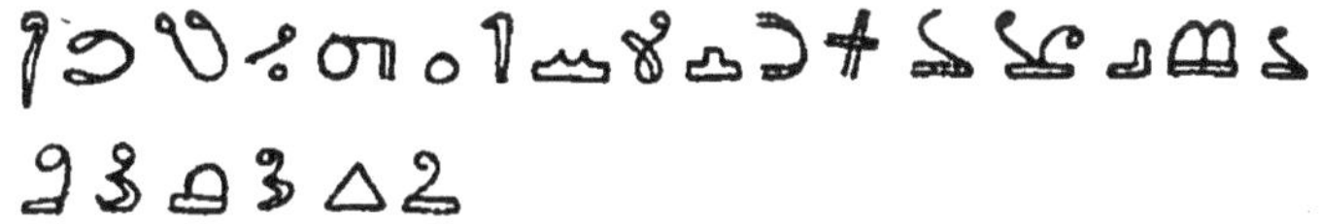

Signes sabéens, après J.-C. :

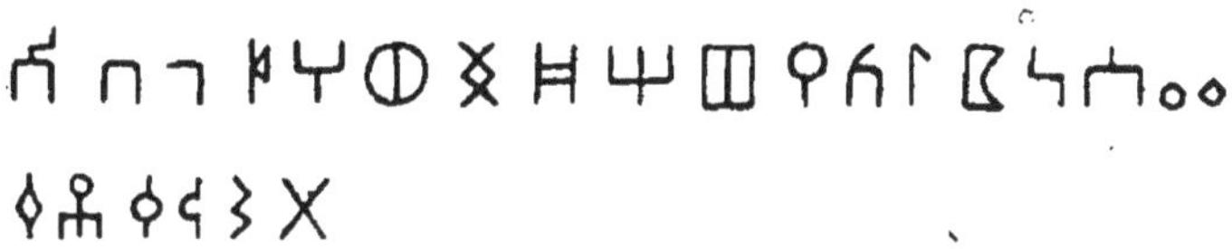

Signes éthiopiens, après J.-C. :

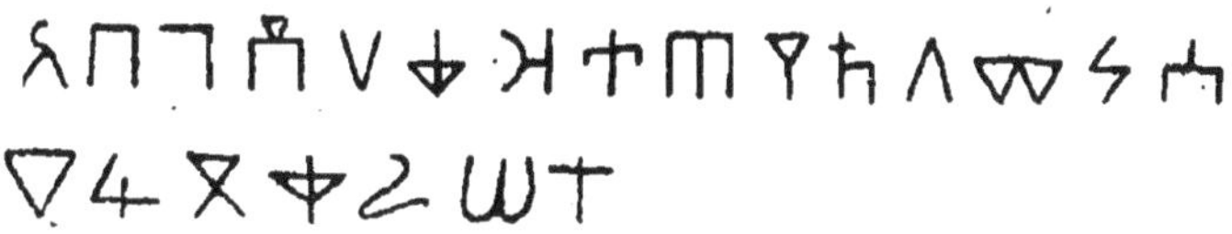

Signes *kharoshti*, nord de l'Inde, de 350 avant jusqu'en 200
après J.-C. :

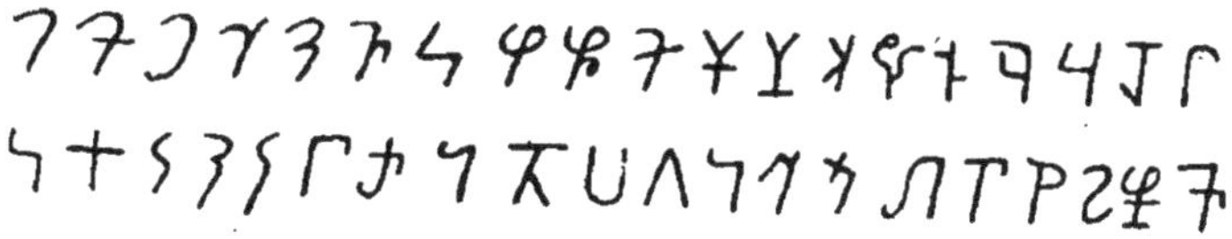

CE LIVRE
A ÉTÉ IMPRIMÉ
POUR LES ÉDITIONS KRA
PAR
MAURICE DARANTIERE
A DIJON
LE TRENTE AVRIL
M. CM. XXVIII